काव्य के गुलमोहर

अंकिता सिंह

परमपिता परमेश्वर , ज्ञान की देवी माँ शारदा के पावन चरणों
में काव्य कुंज समर्पित । माँ श्रीमती मधु यादव , पापा श्री
हेमन्त कुमार के स्नेह युक्त आशीष से मेरी लेखनी को
उत्कृष्टता प्राप्त हुई , अतः उनके पावन चरणों में काव्य कुंज
समर्पित ॥

क्रम-सूची

प्रस्तावना

काव्य सृजन की मंजरी है । जब भावनाओं की जड़ो से उदित शब्द रूपी तरुवर सृजनकार की हृदय उत्कंठा को शांत कर पृष्ठ के पटल पर मन की कलम से भावों को उकेर देते है तो नव कविता का उदय होता है । नव सृजन की अभिलाषा है कविता । मन से मन की गिरह जो खोले अभिव्यक्ति की आशा है कविता ॥ प्रस्तुत काव्य संग्रह यर्थाथ के फूल में जीवन के अनुभवों से अर्जित ज्ञान रूपी तरु की काव्य कोपले प्रस्तुत की गई है । जो लेखिका के जीवन के प्रति दृष्टिकोण को लेखनी के माध्यम से अभिव्यक्त करती है ।

भूमिका

काव्य साहित्य की धरोहर है । काव्य सृजन की अभिलाषा है । काव्य ज्ञान एवं अभिव्यक्ति का अनुपम भंडार है । यह कवि के हृदय में पनप रही भाव मंजरी को कलम की पैनी नोक से दुनिया के समक्ष अभिव्यक्त करता है । अतः काव्य के गुलमोहर से काव्य की नव कोपलों के अंश प्रस्तुत है ।

आभार

काव्य साहित्य का श्रृंगार है , जो कवि के हृदय में पनप रही भाव मंजरी को कलम की पैनी नोक से दुनिया के समक्ष अभिव्यक्त करता है । अतः इस पुस्तक लेखन की उत्कृष्ट प्रेरणा देने हेतु यथार्थ के प्रेरणादायक अनुभवों तथा माँ , पापा का अन्नत कोटि आभार ।

मेरी कविताओं को प्रकाशित करने के लिए प्रकाशक का अन्नत कोटि आभार ॥

1. बाल श्रमिक

छोटी सी उम्र में,
बड़ो का बोझ उठाते हैं , ये बच्चे
खुद बड़े बन जाते है ,ये बच्चे
नन्हे नन्हे हाथों से -
सड़को का कचड़ा उठाते हैं , ये बच्चे
बाल श्रमिक कहलाते है , ये बच्चे ॥

Stop child Labour

छोटी सी उम्र में,
बड़ो का बोझ उठाते हैं, ये बच्चे
घर की कमर कहलाते है , ये बच्चे ।
नन्हे से , मासूम प्यारे से सच्चे ।
मजबूरी है इनसे क्या क्या नहीं कराती ,
दूसरों की जूठी पत्तले उठाते हैं , ये बच्चे ।
करते है होटलों में नौकरी पर -
चाय को तरस जाते है , ये बच्चे ।
बाल श्रमिक कहलाते हैं ये बच्चे ।
सरकार ने बनाया है ,

Child Labour (Prohibition & Regulation)Act,1986

Act to abolish child labour in India

इनके लिए प्रवधान ।

लेकिन अपना अधिकार कहाँ पाते है , ये बच्चे ।
छोटी सी उम्र में,
बड़ों का बोझ उठाते है , ये बच्चे ।
बाल श्रमिक कहलाते हैं, ये बच्चे ॥
अंकिता सिंह ,
लखनऊ उप्र

2. प्रकृति का संताप
हर......

चाँद तो भोर तक खड़ा था,

चाँद

तू ही रैन सोता रहा ,
सागर हाथ से फिसल गया,

तू क्षितिज पर रोता रहा ।
जब था वक्त हँस के जीने का,
तब तू अपाधापी बोता रहा ।
इच्छाओं के अन्नत फेर में,
एक और इच्छा संजोता रहा ।
इस भाग दौड़ के जीवन में ,

सब सुकून के पल खोता रहा ।

सूरज तो साँझ को ढला था ,
तू दिन चढ़े ही धैर्य खोता रहा ।
अपनी रंगीन हथेली कर,
प्रकृति की मेंहदी धोता रहा ।
अब यूं न हाहाकर कर ,
प्रकृति का संताप हर,
तू कुछ तो पश्चयाताप कर ,
बो दे वसुधा के अंक में ,
कुछ बीज पीपल ,बरगद के,

प्रकृति का संताप हर.....

कुछ अंश नीम तुलसी दल के,
यह मुफ्त में साँसे देंगे तुझको ,
कुछ जीना आसान हो जाएगा ।
आने वाली सदियों को आक्सीजन का दर्द न सताएगा ॥

©अंकिता सिंह
लखनऊ उत्तर प्रदेश

3. आज.....

ये कल की होड़ में,
मनुष्य आज को भूल जाता है ।
नया कल तो पल भर में ,
गुजरा कल हो जाता है ।
तुम जीना सीखो आज को ,
आज के अस्तित्व में ही ,
नया कल समाता है ॥
आज न कल की कल्पना है ,
न यादों की सच्चाई है ,
आज से बड़ा कोई कल नहीं ,
ये जीवन की गहराई है ।
आज के खुशनुमा लम्हों को,
तुम आज में ही कैद करो ।
हर नये कल की होड़ में ,
तुम आज को न जाने दो ।
क्योंकि -

आज

आज के अस्तित्व में ही ,
नया कल समाता है ।
हर नये कल की होड़ में,
मनुष्य आज को भूल जाता है ।
अंकिता सिंह
लखनऊ उप्र

4. माँ तेरी परछाई हूँ मैं..........

माँ तेरी परछाई हूँ मैं।
तेरी साँसों की गहराई हूँ मैं ।
तेरे अस्तित्व से जुड़ कर,
इस जहां में आई हूँ मैं ।
माँ तेरी परछाई हूँ मैं
अपने आँचल में सजों कर ,
तूने मुझे तराशा है ।
तेरी खुशियों की शहनाई हूँ मैं ।
॥

माँ

माँ तेरी परछाई हूँ मैं
अपने प्यार में पिरो कर ,
तूने मुझे संवारा है ।
तेरे आँचल की ,
शीतल छाई हूँ मैं ।
माँ तेरी परछाई हूँ मैं ॥
अंकिता सिंह
लखनऊ उ॰प्र॰

5. एक गहरी मौन अभिव्यक्ति.......

एक गहरी मौन अभिव्यक्ति ,
जाने किसको पाना चाहती है ।
किसकी भीगी सांसों में ,
जीवन बिताना चाहती है ॥
एक गहरी मौन अभिव्यक्ति ,
जाने किसको पाना चाहती है ।
किसकी उल्फत की आहों में,
जीवन भर गुनगुनाना चाहती है । ।

मौन अभिव्यक्ति

एक गहरी मौन अभिव्यक्ति,
जाने किसको पाना चाहती है ।
जाने किसके छंदो में,

ढाई अक्षर गढ़ जाना चाहती है ।
एक गहरी मौन अभिव्यक्ति ,
जाने किसको पाना चाहती है ।
किसकी समुन्दर सी आँखो में,
दरिया बनकर उतर जाना चाहती है ।।
एक गहरी मौन अभिव्यक्ति ,
जाने किसको पाना चाहती है ।
किसके मन के किवाड़ पर ,
नेह तोरन लगाना चाहती है ॥
अंकिता सिंह
लखनऊ उप्र

6. तिरंगे को कर के नमन ......

तिरंगे को कर के नमन ,
भारत माँ के छूकर चरण ,
पुरवा लाई है संदेश ।
संगठित कर एकता को
उन्नत हो मेरा देश ।
तिरंगे को कर के नमन ,
नीलम सा छू कर गगन ,
कोयलिया लाई है संदेश ।
मैत्री हो सब धर्म में ,
खुशहाल रहे मेरा देश ।

देश

तिरंगे को कर के नमन
शांति का बो कर चमन ,
कबूतर लाया है संदेश ।
आतंक को जग से मिटाने का है ,
भारत का उद्देश्य । ।
तिरंगे को कर के नमन ,

त्यौहारों की लेकर उमंग ।
रंगोली के लेकर सात रंग ।
तितली लाई है संदेश ,
हर संस्कृति की रक्षा हो
ये है मेरा कम विशेष ।
तिरंगे को कर के नमन
तिरंगे को कर के नमन ॥
©अंकिता सिंह ,
लखनऊ उप्र

7. जीवन चिंतन

जीवन की जड़ उपमाओं में ,
चेतन अलंकृत कर जायेंगे ।
आज शून्य जो बो देंगे ,
कल वही शिखर बन जायेंगे ॥
जीवन की भय भंगिमाओं में ,
नरसिंह अंक गढ़ जायेंगे ।
आज अभय पंक्ति जो लिख देंगे ,
कल वही अमर काव्य बन जायेंगे ॥
जीवन की एकाकी विमाओं में ,
नव रीत सृजित कर जायेंगे ।
आज जो अक्स संजो देंगे ,
कल वही अस्तित्व बन जायेंगे ॥
जीवन की तृणीत धाराओं में ,
गंगा सी प्रीत बहाएंगे ।

जमुना जल

आज जमुना जल हों गये तो ,
कल संगम के कुम्भ भर जायेंगे ॥
©अंकिता सिंह ,
लखनऊ उ.प्र.

8. स्त्री की वेदना .....

सीता :

एक स्त्री होने का ,

मुझको ये कैसा त्रास मिला ।

कभी राम के संग वनवास मिला,

कभी राम के बिन वनवास मिला ॥

राधा :

एक प्रयसी होने का,

मुझको ये कैसा त्रास मिला ।

जिस श्याम के लिये मन का पलाश खिला ,

उसी श्याम से विरह ग्रास मिला ।।

द्रोपदी:

एक स्त्री होने का ,

मुझको ये कैसा त्रास मिला ।

भरी सभा में उपहास मिला ,

स्त्री अस्मिता के संग हुआ परिहास मिला ॥

रुकमणी :

एक स्त्री होने का ,

मुझको ये कैसा त्रास मिला ।

जिस मोहन का मुझे प्यार मिला ,

उसके नाम का कहाँ मुझे अधिकार मिला ॥

अंकिता सिंह

लखनऊ उप्र

9. नारी तुम सौभाय आकृति हो.

नारी तुम सौभाय आकृति हो,
वात्सल्य की अलंकृत उपमाओं में ।
चिर ममता की प्रकृति हो ,
सृजन की नेह विमाओं में ॥
नारी तुम सौभाय संस्कृति हो ,
मरियादा की असीम दिशाओं में ।
संस्कारों की अभिव्यक्ति हो ,
हर शहर और हर एक गाँव में ॥
नारी तुम सौभाय उन्नति हो ,
जीवन की आधारशिलाओं में ।
गंगा जल की अनुभूति हो

नारी

मरुथल की रेतिली बाहों में ॥
नारी तुम सौभाय स्वीकृति हो ,
निराश पथरीली राहों में ।
पूर्णमासी की झंकृति हो ,
अमावस की तमिर आहों में ॥
अंकिता सिंह
लखनऊ उप्र

10. माँ ....

अपनी पलकों में ,
मेरा ख्वाब सवारती रही
अपनी कोख में ,
वो मेरा अस्तिव पालती रही ।
मेरी एक मुस्कान पर ,
वो अपनी खुशियाँ वारती रही ।
वो मेरा रूप ,
अपनी हथेली पर निखारती रही ।
कठिन राहों में ,
सदैव मेरी साथी रही ॥
मेरी प्यारी माँ ,

प्यारी माँ

मुझे हर दाँव जिताने को ,
वह जमाने से हारती रही ॥
अंकिता सिंह
लखनऊ उप्र

11. मनोकामनी के फूल.........

मनोकामनी के फूल सखी ,
आज तनिक सकुचाए है

फूल

पावस की भीगी सेज पर ,
पलछिन आषाढ़ ओढ़ कर आए हैं।
पपिहरा के पंख सखी ,
मेघ मल्हार सुनाए है
बिजुरी की कोरी रेख पर ,
मेघ आषाढ़ खीच मदमाए है ॥
राधा के उलझे केश सखी ,
नागिन से लहराए है ,
घनघोर घटा के गजरे में ,

मोहन आषाढ़ गूथ लाए हैं ॥
अंकिता के मौन आलेख सखी ,
पृष्ठ मोढ शर्माए है ।
मौसम की भीगी स्याही नें ,
मदहोश छंद लिखवाए है ॥
अंकिता सिंह
लखनऊ उ.प्र.

12. गुलाबी जाड़ों का आगाज है.........

तरुवर ने पाखी से कहा,
क्यूँ चहकी आज है ।

पाखी

प्रीत के झुरमुट से क्या ,
गुलाबी जाड़ों का आगाज है ॥
अम्बर ने धरती से कहा,
क्यूँ बहकी बहकी आज है ।

मौसम के गुनगुने लिहाफ से क्या ,
हेमन्त ऋतु का आगाज है ॥
सागर ने सरिता से कहा ,
क्यूँ महकी महकी आज है,
मैं के रिक्त मिजाज में,
क्या यह हम का कोई साज है ॥
धड़कन ने सांसो से कहा ,
क्यूँ मचली मचली आज है ।
रुमानी सुर्ख साझों में क्या ,
मदहोश होने का कोई रिवाज है ॥
अंकिता सिंह
लखनऊ उप्र

13. अर्ध रैन मधुमास की....

अर्ध रैन मधुमास की ,
अलंकृति सजाए अनुप्रास की ।
काव्य के ऊँघे कल्लवों में ,
अनुभूति बहकाए रस - रास की ॥
अर्ध रैन मधुमास की ,
परणीति झलकाए पलास की ।
टेसु के अनछुए पल्लवों में ,
स्वीकृति शरमाए सकुची आस की ॥
अर्ध रैन मधुमास की ,
अनुकृति महकाए अमलतास की ।
अटारी के सूने कलरव में ,
झंकृति गुनगुनाए प्रणय सांस की ॥
अर्ध रैन मधुमास की ,

अर्ध रैन मधुमास की..

पावती दिलाए मन प्रवास की ।
मैं के दहके अनुभव में ,
रीत जगाए हम के एहसास की ॥
अंकिता सिंह
लखनऊ उप्र

14. मैं काव्य की नव अभिलाषा हूँ....

मैं काव्य की नव अभिलाषा हूँ ,
पंक्ति नई लिख जाऊंगी ॥

पंक्ति नई लिख जाऊंगी

मरुथल की अभिव्यक्ति में ,
हरित काव्य गढ़ जाऊंगी ॥
मैं परणीता की नव परिभाषा हूँ ,
संस्कृति नई बसाऊंगी
कुरीतियों की रण भूमि में ,
अर्जुन सा धनुष उठाऊंगी ॥
मैं नव भोर की आशा हूँ ,
सूरज नया उगाऊंगी
तम के धूमिल पाषणों को ,

गंगा में आज बहाऊंगी ॥
मैं हौसलों की नव अभिलाषा हूँ,
शून्य से शिखर तक जाऊंगी ।
अपने नाम की अंकिता को,
आसमान में लिख जाऊंगी ॥
अंकिता सिंह
लखनऊ उप्र

कवियत्री परिचय

अंकिता सिंह

अंकिता सिंह एक स्वतंत्र लेखिका है । आप लखनऊ उत्तर प्रदेश भारत की निवासी है । आपने लखनऊ विश्वविद्यालय से पत्रकारिता एवं जनसम्पर्क में परास्नातक व एम . एड की उपाधि प्राप्त की है । आपने डॉ राम मनोहर लोहिया अवध विश्व विद्यालय से एम. ए अंग्रेजी तथा एम . ए शिक्षा शास्त्र की उपाधि प्राप्त की है । आपने यूजीसी नेट की परीक्षा शिक्षा शास्त्र विषय में छः बार उत्तीर्ण की है । आपको कविताएं एवं लेख लिखने का शौक है ।

अब तक आपकी 8 पुस्तकें प्रकाशित हो चुकी है । जिसमें " कलम के पलाश , चहकते पन्ने , सावन के हस्ताक्षर कविता संग्रह , शून्य सरोवर व स्नेह तरु कहानी संग्रह , टेन्सस द बलॉसम ऑफ इंग्लिश ग्रामर , फेस्टिव कैंडिलस , तथा एक अन्य अंग्रेज़ी रिफरेन्स बुक गौरया बचाओ विषय पर आधारित है ॥ आपके लेख तथा रिसर्च पेपर विभिन्न राष्ट्रीय तथा अंतरराष्ट्रीय पत्रिका में प्रकाशित हो चुके है ॥
Email id- anks26.as@gmail.com

9 798888 052303